風にあたる

山階基

装幀・組版　山階基

もくじ

風にあたる

息継ぎ

ほっといた鍋を洗って拭くときのわけのわからん明るさのこと

対岸の花火いつしかマンションにへだてられると知っていたなら

缶コーヒー買って飲むってことだってひとがするのを見て覚えたの

冷房がきらいだと言うときすでに夏はこちらに手をのべている

見切られたなにかをさがしスーパーのさかな売り場で素足が冷える

対してはなにもできないおろかさの芯まで錆びていく長い雨

蛇口からこぼれる水が冷めるまで歯ブラシをくわえて息をする

ヘアムースなんて知らずにいた髪があなたの指で髪型になる

なまぬるいコーラを買ってきてもらう夏が半壊しているからね

言いかけて漕ぐのをやめる自転車がきりきりと鳴るあいだ訊けない

くす玉が引いた紐ごと落ちてきて床にくずれたようなさよなら

朝なのでめざめるのですかめざめたら朝なのですか傘なのですか

気にいった服が小さくなることはもうないね真夜中の息継ぎ

点々と残ってしまう梨の皮ひとつひとつをあらためて剝く

買ってから一度も開けたことのない壜が出てきた日のゆうごはん

少しずつ話してみてよ缶切りを使わなかった日々の暮らしを

友人が嘔吐している　友人はわたしの前で嘔吐ができる

転生をすすめる友をあしらってわたしは冬の上着を羽織る

さかさまにペダルを漕げばあともどりできる白鳥ボートはすてき

行き交ってのちの空白作りかけのままの護岸にうっすらと雪

炎天の横顔

いままでの角度で液が出なくなる少しきつめに揺すらなくては

二回着て二回洗えばぼんやりとわがものになる夏服である

真夜中の国道ぼくのすぐ先を行くパーカーのフードはたはた

ゆるやかな帰路を急いでふりかえるたびに花火が視界を埋める

あかときのセックスにない勝ち負けをいいんだきみは遠くへ帰る

靴ひとつ履きつぶすまで履くんだとわかる夜明けのあとのあかるさ

残り火の夢がおでこに載っているここから夢へ繋がるんだな

ティーバッグ降ろした皿は濡れはじめいずれ渡って行く鳥のよう

友人は生きているから数日を預けた留守のシャンプーが減る

二十歳でも煙草やらないぼくたちを締め出して喫煙所にぎやか

乗るたびに減る残額のひとときの光の文字を追い越して行く

切り開くそばから白い紙パックぼくに中身を移したあとの

そこだけが公園の影すねを蚊に差し出したままベンチにねむる

七月にないものはないそのことを詰めた袋が転がっている

梱包材つぶし飽きたらひねるのをはじめてからの記憶が荒い

解散したバンドの曲をきみがいつか乗ったはるかな舟だと思う

ボトル缶まわし飲みしてうつる風邪ばかの数だけばかのひく風邪

見られても平気きれいに脱がされた部屋着できみを駅まで送る

渡る前に変わる信号おそらくは黄色の寿命がいちばん長い

手をかざすかぎり見えない天頂のカイトきみから放たれたのち

いいんだよライブで歌手がまちがえてそれを愛してしまった耳よ

長い合宿

垂れている紐をいくつか引いてみる手ごたえがあるのは放っておく

それっきり点けっぱなしの邦画から雷鳴そして雨が降りだす

キャラメルを剝いだ包みをポケットにそのままにしておく母だった

空いているところを埋めるやりかたで靴が脱がれたあとの玄関

でも祖母はあの夏を生き延びたのだ広島行の切符をゆずり

八月の墓にやかんで持って行く水ゆれているのが手にわかる

火みずからついえるすべのないことをそれでも熾されたあまたの火

あかねさすダンとメトロン星人のこたつを父と挟んで座る

知らない海の話をすこし飽きるまで明日あなたの扶養をぬける

ポケットに両手を入れてかけてくる閉じかけのこうもり傘みたい

おしぼりの熱を押しあてすべて目が見せるまぼろしこの世のことは

寝そびれた子供のようにひとくちの牛乳をしばらくかけて飲む

忘れつつ引きかえしつつ拭いていく廊下の先に新年がある

ともだちと住む生活の想像はできていますか。父は問うだけ

生家にはどこを明るくしたいのかよくわからないままのスイッチ

かならずという感覚に満たされた袋になって吊り革に揺れる

おたがいのあらすじをきく夕暮れにあたらしい食卓のはじまり

小さくて深い湯舟におさまればふたごの島のように浮くひざ

洗濯機に絡まっているこれはシャツこれはふられた夏に着ていた

恋人でも家族でもない半裸だなルーム・シェアは長い合宿

まっさらな雪をすくった跡のようあなたは炊飯器をまぜない

木造は感じがいいね　また地震きたら死ぬかね　ふたりで　かもね

最終電車の窓のあかりをくぐらせて闇の窓ある高架のほとり

湯上がりのくせを言われてはずかしい今のところはもめごとがない

雨が降りだしたみたいに郵便は届きふたつの宛て名を分ける

冷えきった眼鏡はずせば真夜中の駅は光のかたまりだから

ばかだから

濡れていく肘をあきらめ閉じてやる傘のかたちに消える雨音

ひたすらに見守っているなりたくてホットケーキは丸になるのに

夏なのでもう悩まない髪型にしてくださいとすなおに言った

まだ先のことを知らされ鉛筆で手帳のすみに星だけつける

ぽろぽろと坂をこぼれる自転車のみんなおでこを剝き出しにして

さきにいた熱とけんかをする熱だゆっくり夏のお粥をすする

好きだから今の季節にたとえたと気付くまでそうかからなかった

炎天に指をつないで旅行者はふたりで守りあっているよう

うつ伏せのままにブラシを受けているつつじ団地に生きて死ぬ犬

覚えたての道を行くとき曲がりたいのをこらえれば目印に着く

ごま油たらせば中華風になるみたいにきみと安心したい

あくまでも細部はぼくが書き換えてしまう記憶の雑貨屋の棚

めずらしく腹筋で起きあがるとき当たるつもりの予感ばかりだ

ぼくらこれから長い旅だろえげつない数のお菓子を投げ込むカート

三基あるエレベーターがばかだからみんなして迎えに来てしまう

暮らすほどではなくしかし面白くみんなしばらく立ち寄る小島

缶にアイスキャンデーの棒きみの死を告げるのはきみではありえない

もう真夏およそ身体のかたちして風にまかれているカットソー

ねむるきみの姿をまねて寝返れば夜明けの空は擦り傷だらけ

灯台と教える声が遠ざかるもらい煙草の度が過ぎている

サンダルを踏み締めなおす生きながら水に飛び込む線香花火

まどろみに旗を

先にいるらしいあなたは見つからず春の終わりにかかとを乗せる

待ちわびた姿だけれど目の前にあらわれるまで思い出せない

バスに乗るために走っているように見えただろうかバス停からは

夢の火に染められた眼鏡をみがく裸眼を向かい風にあずけて

ごめんねとあなたが口にするたびに賽銭箱のように鳴る胸

予報にはなかった小雨くたびれたタオルはしぼることもできない

ねむたさが髪をしたたる浴槽に目盛りのような乳首は浮いて

いつまでが湯上がりだろう室温の野菜ジュースに濡れるストロー

真夜中のあなたが連れてきた猫に生きてほしいと名前をつける

このなかのだれも風力発電の羽根にさわったことはないのに
あらわれてただ抱きとめるだけになる夏のスクランブルのほとりに
食べかけた森永ミルクキャラメルの箱を鳴らして合いの手にする

ラーメンがきたとき指はしていないネクタイをゆるめようとしたね

よるべなく重ねる暮らしこの窓の明かりをしぼり夜景は弱る

働いているときのあなたの笑みがまた手品の花のようにこぼれる

抱きあう胸のあいだをひとすじに抜け落ちていく感じがこわい

より深くねむるあなたの岸にいて小さな旗に凭れるばかり

満ちていく水のすがたに鎖骨まで引きあげてから脱ぐカットソー

ねむるとは取り戻すこと目覚めたら抱えたものが花かもしれず

夕凪はほどけてふたりはためいた汽水の岸に着いてしばらく

抜けきれるはずだったのに遮断機にはたき落とされてしまう帽子

ないような夜と海とのあわいからちぎれる波に洗われていた
ぼろぼろの傘にたやすく化けるからあなたはそれを見て笑うから
それぞれが正気にもどる瞬間よ蚊は遠ざかりわたしは椅子へ

大壜をたすけ起こせばひと夏を切れっぱなしの賞味期限だ
そのたびに忘れてしまう髪切ってはじめて洗うときの軽さを

寒い昼

待ち合わせ冬もペプシのロング缶かがやく自販機がここにある

菓子パンの袋を手のひらで圧してぼくたちのためだけの号砲

寒い昼あなたがそこにいるせいで開きっぱなしの自動ドアなり

冬の木はやはりとぼしく枝に降る光のなかにきりんは傾ぐ

ハンカチを持たないふたり冬の陽に濡れた手と手をぶらさげたまま

思い出すようにちいさな舟を飲みしんと疲れてねむるみずうみ

なんにでも理由をつける取り込んだ洗濯物にまみれてねむる

もしかして使い切る前に死ぬかもドラッグストアで小箱をつかむ

アルコール噴霧器を押す病院に生まれたぼくは病院が好き

空き壜をきれいに洗ういつの日かあふれるときのあなたにあげる

添い遂げるだろう互いにゆがみつつ靴のかたちは足のかたちは

エスカレーターを昇ってやってくる人はうしろの人を味方につけて

あきらめてからのほうがずっと長い揺らしてはいけない箱を置く

夢だからこそ全身に生えてくるスパンコールを剝がさなければ

かなしさはながれ怒りは濡れたままそこにある椅子、上着を掛ける

週末をのがしてふたつ路地を越えその先の年末のごみ捨て

マフラーは手摺りに垂れて冬が終わる頃にはすこし長い昼だろう

思い切り鼻をかむときぼくのほか誰も聞けない音がするのだ

くちびるで飲む缶しるこ吹けば飛ぶモチベーションを小脇にはさみ

音楽を声に出したら泣いてしまう夜をだまってだまって帰る

待つあいだ読んでいようと手に取ってめくり終わってしまう気がする

革靴と火花

できたてを舌にのせても熱くない木のスプーンを目標とする

水に水したたるように夜が来る頭を振って振ってから寝る

もう悲しむのもばかみたい焼きそばは大失敗がないから好きだ

吐きだした煙が冷えていくまでをあなたの息の寿命とおもう

すごく言いたかったんだね透明なテープの端を見つけたみたい

泣きやむとやけにあかるく革靴の底に煙草で火花を散らす

あご上げて息継ぎのよう目をくせで閉じてそれでも月がわかった

今生に畳まれてある伝言のいくつかがひらかれて降る雪

逆さまに置いたマヨネーズの容器うえのほうから澄みわたる夜に

枕カバーはずして洗う知りえないところでぼくが話題にあがる

台所を湯気で満たしてこの冬にすすぐ食器のかわくはやさよ

買ったときから傷のあるこの服をようやくすこし許しはじめる

牛丼の残りわずかをかき込めば有線にいい曲がはじまる

みんな好きに生きてゆきあう後付けの運命論にこぼれるなみだ

春ならば抱きしめていいことにする玉と数える野菜のことを

かあさんと違うかたちに変えられて金魚かあさんを知らずひしめく

列島をややおびやかす春先の風雨のなかを行く灯油売り

部屋中のお湯で作れる食べ物をすべて平らげ旅しませんか

ちゃら

のぎへんのノの字をひだりから書いてそれでも秋のことだとわかる

月に手が届くようになるというよ指紋のついていた皿を拭く

おろしたての傘にまっすぐ雨は降る朝から好きなもの食べられる

こたつから上半身が生えているきみは神話のばけものみたい

ジャムの蓋かぽんと開いてひといきに忘れるはずのことよみがえる

東京に生まれ育ってみたかったぼくを寝かせてそれからねむる

いまは冬か春かすこしもめてから包みをやぶる音だけになる

風の坂あかるい髪をしたひとの頭に柔いほのおがひらく

手羽先にやはり両手があることを骨にしながら濡れていく指

スリッパをドアがぶつからない位置にうまく脱げないつくりで困る

どこからが銀座なのかを尋ねてもべろんべろんの有楽町だ

打ち上げに打ち上がらないあれこれを拾い集めてから帰路につく

行けるかもしれない旅行計画の穴にぽとぽと溜まる雨水

ふんわりとぼくの好みがけなされる飴をひだりの頬に転がす

駐輪禁止の柵に凭れて黙りあう冬のすずめのような学生

手を退けてこさえた鯙を見せるとき水位は胸を下がっていった

のちの世に呼ばれたい名があるような大きな川に大きな川原

事故に遭い死んだ廃車のゆうれいは人を乗せては走らないから

真冬日の川原をあとに花火くさいコートをはたく朝帰りたち

つっかけで夜のベランダどんな人と暮らす未来も浮かべては見る

ひと跨ぎできるつもりがやや高くいちど腰掛けてから急いだ

風邪と音楽

ついさっき白紙になった約束をなぞり港のアクアリウムへ

見る人の吐息に揺れているようなくらげの部屋を出られずにいる

ながめればガラスに映り込むぼくの頬をかすめる火花のさかな

バス停は置かれた場所の名ではなくほんとうの名を呼べば振り向く

もうあとはうどんを選ぶだけになり麺の好みはわからなかった

風邪ひきによろこばれるとなんとなく知っている桃の缶詰も買う

ふだんから丈夫な人が風邪をひくそのいっときの笑顔のかげり

なだらかな坂があなたで効きづらいブレーキのままここまでぼくは

痩せていく身体を舟としてついに踏むことのない桟橋がある

よく通るあなたの声はぴったりだ熱が下がったことを言うのに

お互いに凭れてもいいことにしてライブハウスのちいさなベンチ

曲と曲とのあいだには庭に来る猫のかわいい話が似合う

カラオケではじめて聴いた曲だからあなたの声がかぶさってくる

道を急いでいる人にゆずるときなんとなく広いような路地なり

割るまえの箸をくわえて手に受けるどんぶりばちを冷まさぬように

おっとりと室温にかたむいていく牛乳をあなたを待ちながら

睦まじいペンギンのつがいのようにあるシャンプーとリンスのボトル

ねむるあなたの苗字をぼくの字で書いて再配達の書留をもらう

ぼんやりと思い出せたメロディを器用に継いで歌ってくれる

言い切ってからささやかに咳くようにティーポットからしたたる紅茶

たっぷりと余裕をもって手をのべる脚立を冬のつまさきとして

鉄橋

菜の花を食べて胸から花の咲くようにすなおな身体だったら

リコーダー奏者になった友人はいないあんなに吹いていたのに

いつだっけ最後の仮病ほっぺたを机につけて火照りを逃がす

もうおなかいっぱいだから缶ビール開ける音だけもらっておくね

生きたいよこの世を病まず水出しのお茶の袋はいきなり沈む

目印のビルは更地になっているまた会うのならここになるかな

ゆっくりと回り終えた乾燥機からシーツ抱えて行く雨あがり

人間よクリアファイルをもうすこし大きめにするくらいのことは

バス停のようにぼんやり立っている夏のわたしの旅先として

おどろいたあなたの股をくぐりたい橋を見上げて川原をくだる

鋏とかわたしは都市の遺跡から出土したりもするのだろうか

しゃぼん玉ずっと割るのがおもしろいよその子供に吹いたしばらく

ちゃん付けで呼ばれるときが鳩尾をいっぱつ殴られたように来る

彼らいまキャンプを終えて行くところジープは砂利を軽く鳴らして

常夜灯のとぼしいひかり降るなかにいないあいだは指をつないだ

はじめての部屋のでかさにピングーのような旅装をほどいてすわる

汗ばんだ肌着のシャツはずり落ちて扇風機から風を逃がした

すんなりと酔ってあなたは似顔絵になりやすそうな顔をしている

路地に雨たまりやすくて波のようによぎる車のはやさやおそさ

バスタオルかぶって行けば待っている両手に井村屋のあずきバー

めずらしい雨にあなたの町を出るバスが遅れてすこし話した

ビル風に染めっぱなしのばさばさの髪をひたすら吹かれて笑う

歩きながら見ると停まっているような観覧車まで行けばわかるよ

さきに逝くならばはるかな指となりあなたの走馬灯を回そう

長くなることにはすべて宛て先を書いて切手を貼るものだった

夕暮れの湯舟に沈むせっけんを探るあいだにちらつく川面

イヤホンがはずれて音のなくなったビデオ通話にまずはうなずく

桃ひとつ別けてもらった青果店の袋を提げるランタンのように

手の甲にしょうゆと書けば書くときのわずかな痛みごと忘れない

コーポみさき

白い布はずされながら美容師にまだ引っ越しを伝えていない

とねりこの枝葉ぱらぱら落ちていく枝葉のなかに鋏と庭師

卯の花がすきなあなたと手を組んでふたり暮らしという寄り道を

にぎやかな港のように恋人をとおく呼び寄せようたまにはね

よそさまと暮らしはじめた頃のこと炬燵をはさみ母にたずねる

はぐれ雲ひとつ浮かべてがら空きの元日をゆく各駅停車

生まれた町の川風のなかこの岸をきみと歩いた気になっている

同居する相手の性をいちばんに訊かれるんだな部屋を探すと

ぼんやりと待てば受話器の向こうにはロンドン橋がなんども落ちる

手に揺れる素朴な舟はたこ焼きを乗せてあなたの隣をゆくよ

友人と答えるほかにないふたり後部座席にじっとしている

駅からの経路にかるく触れるうちおまけのように図書館を言う

金属の文字がはずれたあとにあるコーポみさきのかたちの日焼け

生活にわけはないのに共にするときは問われるきっかけなどを

ここだろう落ち込むのならスリッパのままで湯舟におさまってみる

婚約者どうしのほうが借りやすい部屋というからそのように書く

おふたりはなごむ感じでよかったというだめ押しをまともに受ける

結婚はないんですけど　大丈夫、ふたりで住めばそう見られます

冬晴れのグラスにかわく牛乳をけして飲みきることはできない

またいつか来てとおまけのスタンプをくれてカードが満点になる

ひとつだけ鍋を抱えて暮れがたに入居を果たす土砂降りのなか

買い出しをしているあいだなにもない冷凍室に氷ができる

起きぬけのあなたにも巻くたまご焼き夜じゅうを仕事にかまけたら

菜の花を湯に沈ませてゆきひらとつぶやくように小鍋を揺らす

使おうとペッパーミルをつかむたび台にこぼれている黒胡椒

それ以上責められはせず悪いのは天気だったと言われてだまる

さきの世の記憶あったら疲れそう指で寝癖をなおすしばらく

いまきみをよろこばせたい点滴のようにあらたな暮らしを話す

笑むうちに切れる通話の向こうには布団がゆるくふくらむだろう

その町にいくつも橋があることを忘れたらまた話してほしい

だとしても暮らしと陸続きの夢だ初雪を踏んでだめにしながら

恋人が来ると告げたら献立の案をぽつぽつ並べてくれる

バス停のちいさな椅子にうつむいたゆるい猫背のてっぺんを押す

視界からわたしをはずし冬枯れのアロエの鉢を器用によける

泡風呂にからだをあずけ刺青と温泉を天秤にかけている

銭湯の玄関さきにたむろする猫をいくつかまたいでおいで

部屋を借りるためのはずみの婚約を笑ったきみに合い鍵をやる

かたよりがでたときお茶を湯呑みから湯呑みにうつす才能ひかる

とれたての免許を持って買うというきみの車をあてにしたいよ

恋人をまじえて水炊きをかこむ呼びようのない暮らしの夜だ

回送電車の窓はひかりを曳きながら合図のように繫ぎなおす手

ささやかなえぐみをとれば食べられる草にちなんだ異称をもらう

はるばるときみの帰路にも灯るよう不知火柑をひとつ持たせる

買い置きの牛乳をやや高いのに決めてひらめく生活のすそ

なれるなら夏のはじめの夜の風きみのきれいな髪をかわかす

秋の手前に

川岸はおわりに近くはなやかな花火のからが流れずにある

かかとから土を離れていくような暑さのなかに打つハイファイブ

なでしこを束ねて歩くポケットに花屋からきた小銭がはしゃぐ

鎌倉の海はぼんやり見ているよおまえが海の家になるまで

指先にはじいて鳴らす缶のふた飲みかけのままココアはぬるむ

Tシャツの胸の英字を声にせず読むとき呪術めいたくちびる

肘や素足を風にさらせば痩せたかと訊かれる夏になるとかならず

話さずにいたおたがいの恋と恋ぶつけてあそぶビー玉のよう

空き地から闇くゆらせるどくだみは暮らしの袖を引くように咲く

そろそろとおとなしくなる噴水を指さして泣く肌着のこども

迷うときハタタテハゼの立てているただいっぽんの旗をおもうよ

泣いたあと卓にならべる説明のいらない肉と葉っぱのサラダ

いまヨガの魚のポーズ教わらずできたことなどあるのだろうか

恋人と夢のはなしを電話するあなたのそばでユッカのように

梨の皮うすくへだててあかときの指とナイフはせめぎあうだけ

もうずっと先を歩いているふたり蜂かなにかをおそれて動く

より似合う彼女にぬくいジャケットをゆずり晩夏の使命を果たす

あなたとの未知の冬にはさかさまの箱いっぱいに蜜柑が見える

かたむいた線路の駅に停まるうち床を転がりはじめる小びん

風のある池はひかりをいたぶってすぐまた逃がすたわむれのよう

わたしなど夢の奥地にいたころは毛のある枝とよばれていたが

腕にいま袖が足りないぽかーんと秋の手前にあらわれる坂

百年

履きかたを忘れるたびに血はにじむけれど真夏のビーチサンダル

百年後きみに会えたらうながすよ百年かさむのろけ話を

ひとすじに鉢をこぼれるあさがおの蔓は舗道に花を散らして

ではまたと手を振るかわりゆらゆらと抱えた椅子をゆすってくれた
目を凝らしてもまっさらな秋空に呼んでくれたらわたしの名前

夜の切手

きみは旅わたしにはもうわからない海を微風にかぎあてながら

冬へ急ぐ商店街につまずいてよろけるあいだ見惚れていたよ

掃く床のほこりのなかに染めなおす前のあかるい髪の毛がある

電線を架ければ冬のくたびれた空にかぼそい月は似合うね

鍋のふちにあてた火傷はほほえみの唇のかたちに手首にのこる

ただ派手な布をひらひら見せてやる手品も明かすたねもないから

籠もるためのような冬の日アパートの屋根をはずして覗き込みたい

やや急いて冷えた食器をあらおうと洗剤を吹き出すしゃぼん玉

まどろみのやがて明るむカーテンに風は頭をつっかえている

錯覚とわかってからものぼりゆくサインポールは真昼のめあて

髪に雪すべらせながら焼きいもの熱にくもった包みをひらく

コロッケに添えるキャベツを繊切りにするのはなぜか訊かれるまでは

冷えた身の芯まで湯気をかぎながら柚子になり湯にしばらくひたる

廃業を決めた風呂屋は混みもせずサウナの棚にある砂時計

貸したからおなじ匂いのシャンプーは不思議にきみの輪郭を増す

目覚めたら枕のそばに汲んでいた白湯とおかきはお供えのよう

ペン先のくずれるような夜に書く手紙は夜の切手をなめて

そのときは冬枯れてなお高くある草はらにすすきの顔をして立つ

明かさずにいたことがいま封を切る懐炉のように胸にほころぶ

ともだちよパン粉を海老にまとわせてゆるくおさえる指うつくしい

冬の木にすずなりの豆電球は解かなくていい誤解のような

音を立て伸びきるときにほとばしるあきらめかけた輪ゴムのにおい

銀紙のちぎれた端を口にしてからすにも立ち尽くすことあり

しばらくもゆっくりするもラジオからこぼれる異国語の歌詞のよう

納豆のパックをひらくつかのまを糸は浮世絵の雨になりきる

ゆであげた卵をざるにあけながらシンクのよこす雑なあいづち

いっぽんの氷菓をひざで折るときの音がほしいよ真冬の夜に

梳かしてもすぐぼさぼさになるきみを思い出してもぼさぼさになる

まどろみに旧い眼鏡をかけたまま疎林をゆけばちいさな稲荷

冬晴れのひざのあたりに持ちあがる噴水に鏡を見せてやりたい

風にあたる

小窓から落ちるひかりをすべらせて水は湯舟のかたちを保つ

約束は引きずったとて破れない布をかぶればおばけの仮装

思わずも土に好かれているような鈍い重さを跳ねるからすよ

春の風むこうのビルの上にある灰皿はたよりにされている

花冷えのこころは花を浮かばせてきみにあなたにハッピーアワー

ほしいのは波にたゆたう水蛸の腕をいくつか腰のあたりに

常夜灯したたる橋よ明日も会うきみに手紙を書きたいような

ばちはもう当たっているのかもしれず記憶のなかを逃げていく鹿

とれかけたボタンをいじる恋人にぞろ目の歳はあといくつある

夕闇にしずむこの世のおみやげに吊るしたシャツは風が抱き取る

雨のあとガトーショコラの断崖をしっとり崩れさせながらだよ

やや距離をおいてはためく手話どうし視界に声をおさめるために

ひざに抱く鞄にくちづけるように終点までをふかくねむれよ

話さなくなったあとにも口ずさむ歌詞によく似たメールアドレス

逃げ水に目をやりながらつらつらめくわたしの影の真上にわたし

落花生ひとつふたつを剝いてやるむかし早口だったあなたへ

引き潮にときめく夏の潮だまりくり抜くように浮くあめふらし

濡れた身を夢のみぎわへ引き上げて暮れがたの眼を風はかわかす

くちぶえの用意はいつもできているわたしが四季をこぼれたら来て

炎天にうねるホースのしぶきから生まれる虹を消えるまで好く

あとがき

二〇一〇年から二〇一九年までの作歌をもとに、三四六首を収めます。この一冊が短歌にとってよい場所になることを願ってやみません。

本をかたちにしていくにあたって尽力してくださった短歌研究社の國兼秀二さん、菊池洋美さん、水野佐八香さん、お世話になりました。わたしの思いをとてもていねいに汲んでくださり、安心して委ねることができました。

東直子さんと枡野浩一さんに、とてもすてきな帯文を書いていただきました。高橋祐次さんの作品をひとめ見たときから、一緒になにかを作るのがずっと夢でした。ほんとうにうれしいです。ありがとうございました。

短歌を書きはじめ、書き続けるきっかけをくれた早稲田短歌会と、短歌会の活動のなかで出会った人たち。「陸から海へ」に参加した頃から見守ってくださっている黒瀬珂瀾さん。「はならび」「穀物」「未来」をはじめ、さまざまな場を共にしてきた人たち。いつかわたしの短歌に目をとめ、読むことを選んでくれた人たち。そして、この一冊を手に取ることを決めたあなたに、心からの感謝を伝えておきたくなりました。

なぜなら、生きているあいだしか書くことはできません。わたしが生きていられるように遠く近くはげましてくれる人や言葉、音楽や風景、そして記憶のために、この本がありますように。

山階基

二〇一九年　初夏

山階基　やましな・もとい

1991年　広島県に生まれる
2010年　短歌を書きはじめる
2016年　第59回短歌研究新人賞次席
2017年　未来賞（2016年度）受賞
2018年　第64回角川短歌賞次席
2018年　第6回現代短歌社賞次席

早稲田短歌会出身
未来短歌会「陸から海へ」出身

装画　高橋祐次『I AM A STRANGER』（2018）より

風にあたる

2019年7月23日　初版発行
2019年8月10日　第2版
2022年11月27日　第2版第5刷

著者　山階基

発行者　國兼秀二

発行所　短歌研究社
〒112-8652
東京都文京区音羽1-17-14　音羽YKビル
電話　03-3944-4822・4833
振替　00190-9-24375

印刷・製本　モリモト印刷株式会社

定価　1,700円＋税

検印省略

ISBN 978-4-86272-618-6 C0092 ¥1700E